CAMINHO DO SABER

MINHA PRIMEIRA CARTILHA DE MATEMÁTICA

IBC – INSTITUTO BRASILEIRO DE CULTURA LTDA
CNPJ 04.207.648/0001-94
Avenida Juruá, 762 – Alphaville Industrial
CEP: 06455-907 – Barueri/SP
www.revistaonline.com.br

Presidente: Paulo Roberto Houch
MTB 0083982/SP

Editora: Priscilla Sipans
(redacao@editoraonline.com.br)
Coordenação pedagógica: Izildinha H. Micheski
Coordenador de Arte: Rubens Martim
Programador Visual: Renato Darim Parisotto
Vendas: Tel.: (11) 3393-7723 (vendas@editoraonline.com.br)

Todos os direitos reservados.

Copyright @2021 IBC – Instituto Brasileiro de Cultura Ltda.
Direitos reservados e protegidos pela lei 9.610 de 19.2.1998.
Nenhuma parte deste livro pode ser reproduzida, arquivada em sistema de busca ou transmitida por qualquer meio, seja ele eletrônico, xérox, gravação ou outros, sem prévia autorização do detentor dos direitos, e não pode circular encadernada ou encapada de maneira distinta daquela em que foi publicada, ou sem que as mesmas condições sejam impostas aos compradores subsequentes.
1ª Edição 2021

Direitos reservados à
IBC – Instituto Brasileiro de Cultura LTDA
CNPJ 04.207.648/0001-94 Avenida Juruá, 762 – Alphaville Industrial
CEP. 06455-907 – Barueri/SP Vendas: Tel.: (11) 3393-7723 (vendas@editoraonline.com.br)
Visite nossa loja www.revistaonline.com.br

SUMÁRIO

CONSTRUÇÃO DO CONCEITO DE GRANDEZA, LETRAS, NUMERAIS E NOÇÃO ESPACIAL .... 6 A 11

INTRODUÇÃO À GEOMETRIA E SUAS CONSTRUÇÕES: NUMERAIS DE 0 A 10, GRAFIA DOS NUMERAIS E RELAÇÃO: NÚMERO E NUMERAL .... 29 A 40

CONSERVAÇÃO DE QUANTIDADE, ASSOCIAÇÃO NUMÉRICA, SEQUÊNCIA E NOÇÕES DE CONJUNTOS, ANTECESSORES E SUCESSORES .... 41 A 79

AMPLIAÇÃO DA COMPREENSÃO DE ADIÇÃO E SUBTRAÇÃO NA RESOLUÇÃO DE PROBLEMAS .... 80 A 82

FAÇA UM CÍRCULO LARANJA AO REDOR DE CADA NUMERAL E UM CÍRCULO AZUL-MARINHO AO REDOR DE CADA LETRA.

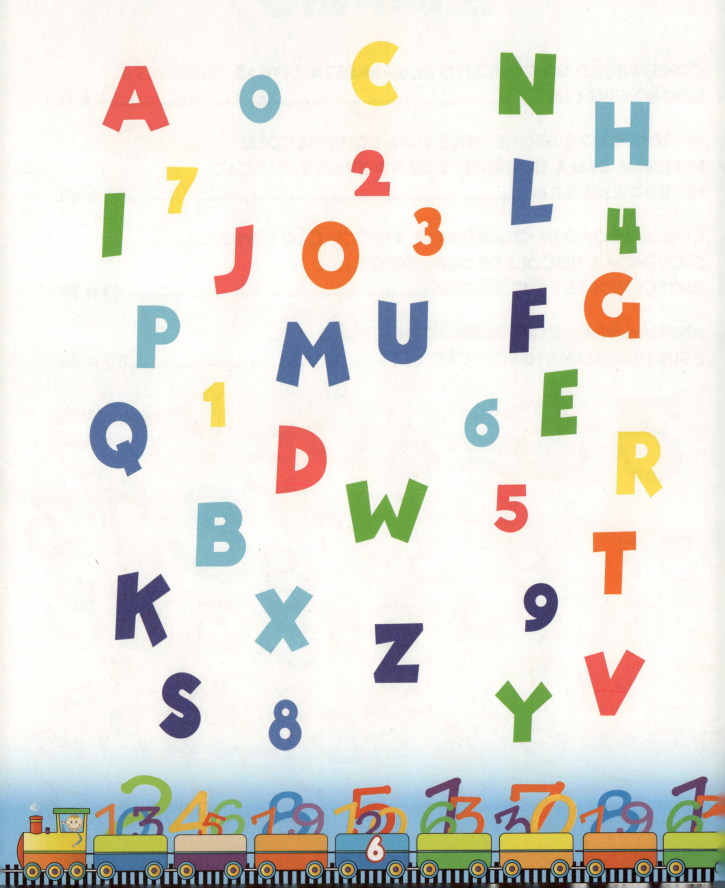

EM CADA BLOCO, PINTE O ANIMAL MAIOR E DESENHE UMA CERQUINHA AO REDOR DO MENOR.

MACACO

GATO

TARTARUGA-MARINHA

OBSERVE AS CAMISETAS E PINTE:

A MAIOR DE MARROM.
A MÉDIA DE AMARELO.
A PEQUENA DE VERMELHO.

PINTE COM A COR ROSA OS PORQUINHOS QUE ESTÃO DENTRO DO CERCADO E CIRCULE OS QUE ESTÃO FORA DO CERCADO.

DESENHE COLEIRAS VERMELHAS PARA OS CACHORROS MENORES IGUAIS. DESENHE COLEIRAS PRETAS PARA OS CACHORROS MAIORES IGUAIS.

OBSERVE OS TAMANHOS DAS 3 GALINHAS: PEQUENA, MÉDIA E GRANDE. LIGUE CADA UMA AO SEU NINHO, CONFORME OS TAMANHOS CORRESPONDENTES.

LIGUE CADA COBRA À SUA SOMBRA. DEPOIS, CONTE QUANTOS PARES EXISTEM NESTA PÁGINA.

RESPOSTA: _____

LIGUE CADA PIÃO AO SEU PAR. DEPOIS, PINTE OS PARES DA MESMA COR E REGISTRE QUANTOS PARES EXISTEM NESTA PÁGINA.

RESPOSTA: _____

LIGUE CADA DINOSSAURO À SUA SOMBRA. DEPOIS, CONTE QUANTOS PARES EXISTEM NESTA PÁGINA.

RESPOSTA: _____

LIGUE CADA LUVA AO SEU PAR. DEPOIS, ESCREVA QUANTOS PARES EXISTEM NESTA PÁGINA.

RESPOSTA: _____

LIGUE AS FIGURAS QUE TÊM O MESMO MODELO. DEPOIS CONTE QUANTOS PARES SE FORMARAM.

RESPOSTA: _____

LIGUE DUAS FIGURAS QUE TENHAM RELAÇÃO COM CADA ESTAÇÃO DO ANO E, DEPOIS, PINTE OS PARES DA MESMA COR.

PINTE AS DUAS PILHAS DE CAIXAS MAIORES E IGUAIS DE AZUL E LARANJA, ALTERNADAMENTE. DEPOIS, PINTE DE ROXO E AMARELO AS DUAS PILHAS DE CAIXAS MENORES E IGUAIS.

PINTE O PALHAÇO CONFORME O MODELO E DESENHE O QUE ESTÁ FALTANDO NA CARINHA DELE.

OBSERVE AS DUAS MESINHAS E PINTE PRIMEIRO A QUE TEM MAIS CRIANÇAS.

PINTE AS SEQUÊNCIAS DE FIGURAS CONFORME AS LEGENDAS SUGERIDAS DO LADO DIREITO.

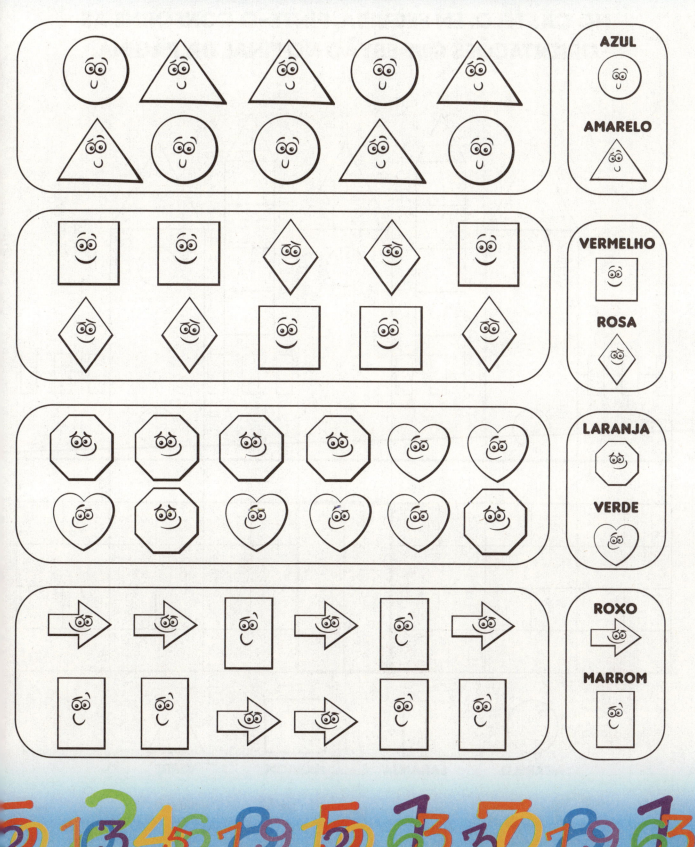

OBSERVE AS FORMAS GEOMÉTRICAS QUE APARECEM NO CASTELO. EM SEGUIDA, PINTE-O CONFORME AS ORIENTAÇÕES QUE ESTÃO NO FINAL DA PÁGINA.

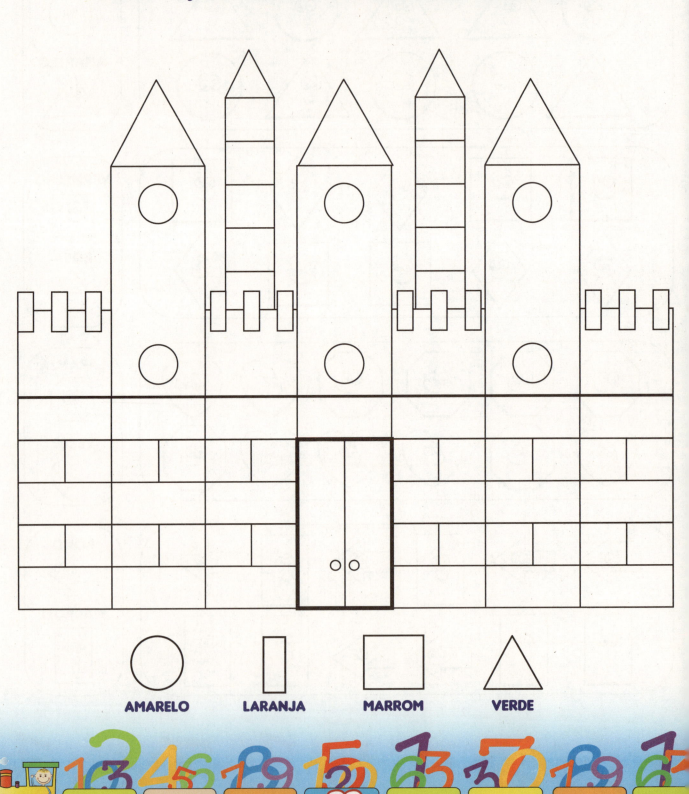

CONVIDE UM AMIGO OU UMA AMIGA PARA CONTAR QUANTAS DE CADA FORMA GEOMÉTRICA APARECEM NESTA CENA. DEPOIS, DEIXE-A BEM COLORIDA!

DESCUBRA DE QUEM É CADA CHAPÉU E LIGUE-OS AOS SEUS DONOS. DEPOIS PINTE BEM BONITO.

USE A CRIATIVIDADE PARA PINTAR A ARCA DE NOÉ. PORÉM, AS JANELAS EM FORMA DE CÍRCULOS DEVEM SER AZUL-MARINHO.

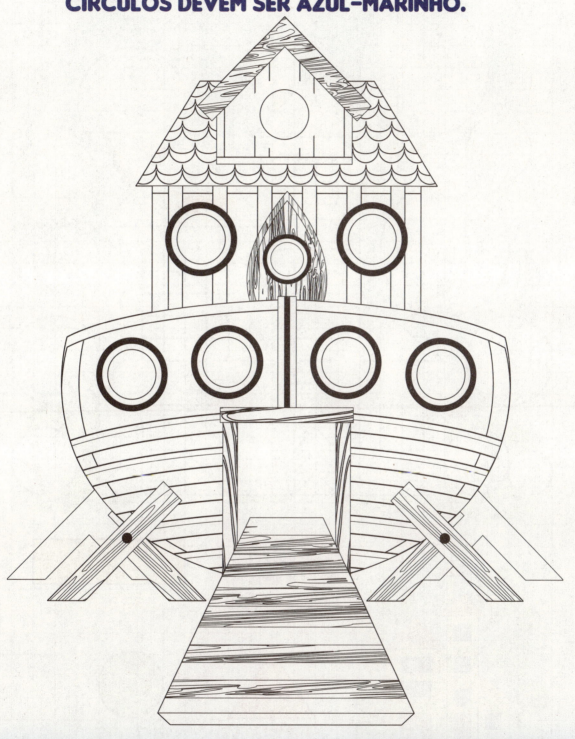

PINTE A ILUSTRAÇÃO SEGUINDO A LEGENDA ABAIXO.

LIGUE AS FIGURAS DO LADO ESQUERDO ÀS FIGURAS CORRESPONDENTES DO LADO DIREITO. DEPOIS ESCOLHA UMA COR PARA CADA PAR.

VAMOS LIGAR CADA CHAVE AO SEU CADEADO?

CHEGOU A HORA DE APRENDER OS NUMERAIS. PARA COMEÇAR, VAMOS DAR LINDAS CORES A ELES.

QUANTOS OVOS A GALINHA BOTOU NESTE NINHO? ISSO MESMO, NENHUM OVO, OU SEJA, ZERO. VAMOS APRENDER A ESCREVER O NUMERAL 0.

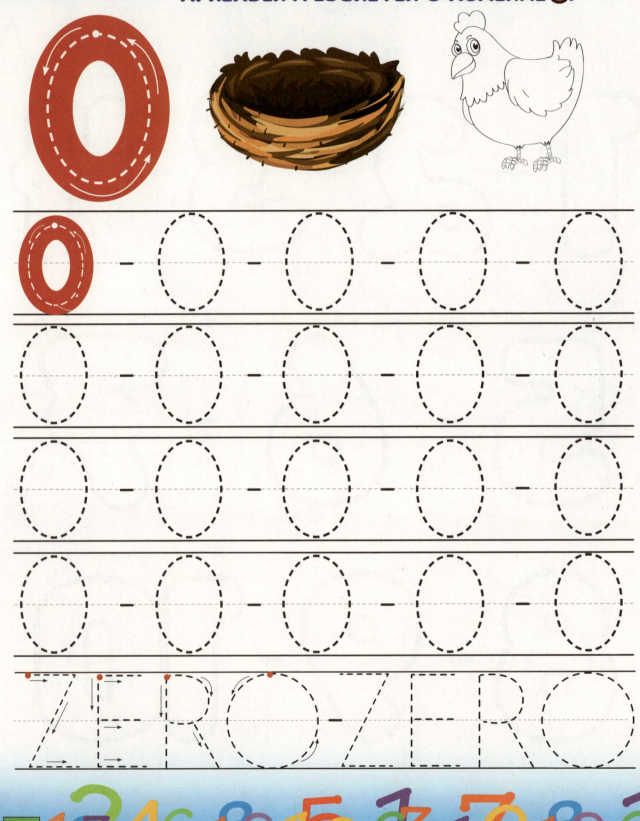

ESTES DOIS CACHORRINHOS CHEGARAM PARA NOS ENSINAR O NUMERAL 2.

SÃO QUATRO LARANJAS. SIGA O MODELO E LIGUE OS TRACEJADOS PARA ESCREVER O NUMERAL 4.

HÁ CINCO CARROS NESTA PÁGINA. É HORA DE APRENDER A ESCREVER O NUMERAL 5.

SETE FLORES SE ABRIRAM PARA NOS MOSTRAR COMO SE FAZ O NUMERAL 7.

LIGUE OS PONTILHADOS DOS NUMERAIS COM CANETINHA COLORIDA E PINTE AS BORBOLETAS QUE REPRESENTAM AS QUANTIDADES.

LIGUE AS QUANTIDADES AOS NUMERAIS CORRESPONDENTES.

OBSERVE OS PINOS DERRUBADOS E CONTABILIZE OS PONTOS, SENDO QUE CADA PEÇA DERRUBADA VALE UM PONTO.

QUANTOS PONTOS BRUNO FEZ?

QUANTOS PONTOS ÍTALO FEZ?

QUANTOS PONTOS LAURA FEZ?
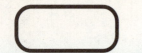

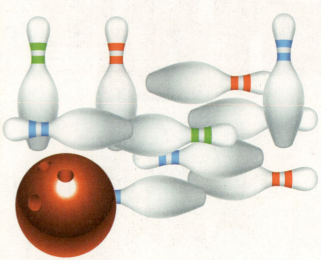

QUANTOS PONTOS CAIO FEZ?
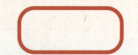

PINTE AS QUANTIDADES DE ACORDO COM OS NUMERAIS APONTADOS À ESQUERDA DE CADA GRUPO DE PEIXINHOS.

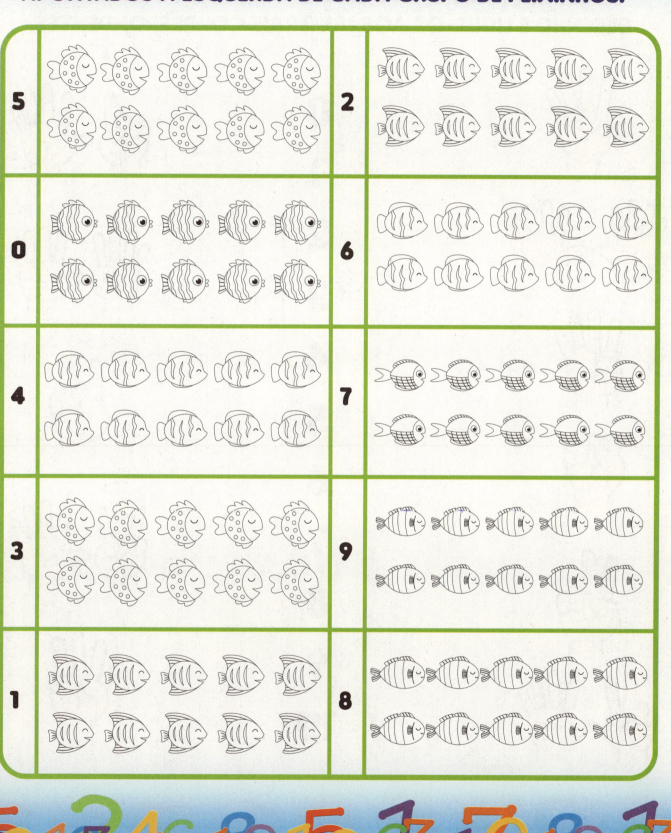

OBSERVE AS MÃOZINHAS, CONTE A QUANTIDADE DE DEDINHOS QUE ESTÃO SENDO MOSTRADOS EM CADA DESENHO E LIGUE-OS AOS NUMERAIS CORRESPONDENTES.

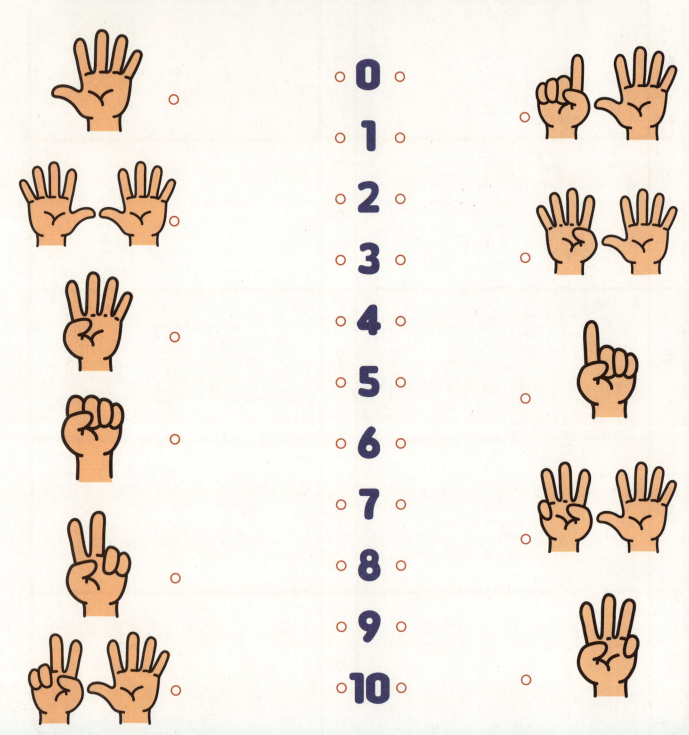

LIGUE OS NUMERAIS DE 1 A 10 PARA COMPLETAR O DESENHO E PINTE-O BEM BONITO. FAÇA UM X DENTRO DO QUADRADINHO QUE INDICA A RESPOSTA CORRETA.

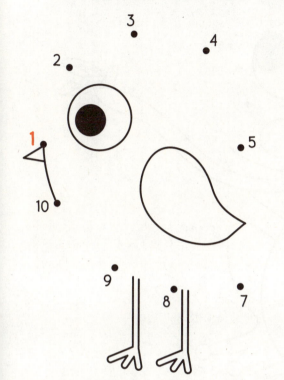

COMPLETE COM AS VOGAIS O NOME DA FIGURA QUE VOCÊ DESCOBRIU:

P _ SS _ R

O QUE VOCÊ DESCOBRIU É...

UM OBJETO   UM ANIMAL   UM VEGETAL

CONTE OS QUADRADINHOS E NUMERE-OS DE 1 A 9

LIGUE OS NUMERAIS NA SEQUÊNCIA E DESCUBRA QUEM ESTÁ ESCONDIDO.

COMPLETE COM AS VOGAIS O NOME DA FIGURA QUE VOCÊ DESCOBRIU: S__ P__

ESTA FIGURA QUE VOCÊ DESCOBRIU...

NADA

ANDA

VOA

ESCREVA NA SEQUÊNCIA OS NUMERAIS QUE ESTÃO FALTANDO ABAIXO:

| 0 | 2 | 4 | 6 | 7 | 10 |

LIGUE OS PONTOS OBEDECENDO A SEQUÊNCIA NUMÉRICA E DESCUBRA QUEM É.

COMPLETE COM AS VOGAIS O NOME DA FIGURA QUE VOCÊ DESCOBRIU:

G__LF__NH__

ESCREVA, NA SEQUÊNCIA, OS NÚMEROS QUE ESTÃO FALTANDO ABAIXO:

AGORA:
PINTE DE AZUL O QUE VEM ANTES DO NÚMERO 2
PINTE DE VERMELHO O NUMERAL QUE ESTÁ ENTRE OS NÚMEROS 4 E 6
PINTE DE ROXO O MAIOR NUMERAL DA SEQUÊNCIA
PINTE DE VERDE O MENOR NUMERAL DA SEQUÊNCIA

PINTE OS PEIXINHOS DE ACORDO COM A LEGENDA:

NUMERAL 1 = AMARELO
NUMERAL 2 = AZUL
NUMERAL 3 = VERMELHO
NUMERAL 4 = VERDE
NUMERAL 5 = ROXO
NUMERAL 6 = LARANJA

O DESENHO ABAIXO MOSTRA AS CRIANÇAS
NA FILA PARA COMPRAR SORVETE.

CONTE E RESPONDA:

QUANTAS CRIANÇAS ESTÃO NA FILA?

O NÚMERO DE MENINOS É:

T_ _S

O NÚMERO DE MENINAS É:

D_ _S

APENAS UM DOS VASOS ESTÁ SEM FLORES, PODENDO SER REPRESENTADO PELO NÚMERO ZERO. CIRCULE-O QUANDO ENCONTRÁ-LO.

LIGUE OS TRACEJADOS PARA FORMAR O NUMERAL 0.

OBSERVE O VASO QUE TEM APENAS UMA FLOR. IDENTIFIQUE O NUMERAL 1, LIGUE OS PONTILHADOS PARA COMPLETÁ-LO E PINTE O VASO COM UMA SÓ FLOR.

LIGUE OS TRACEJADOS PARA FORMAR O NUMERAL 1.

DESENHE UMA PIPA A MAIS NA MÃO DA MENINA E ESCREVA, NA PLAQUINHA, O NUMERAL CORRESPONDENTE À QUANTIDADE DE PIPAS.

LIGUE OS TRACEJADOS PARA FORMAR O NUMERAL 2.

2 - 2 - 2 - 2 - 2 - 2

OBSERVE QUANTAS BORBOLETAS ESTÃO NESTE JARDIM E PINTE AS TRÊS BORBOLETAS COM TRÊS CORES.

LIGUE OS TRACEJADOS PARA FORMAR O NUMERAL 3.

3 - 3 - 3 - 3 - 3 - 3

CONTORNE O NUMERAL 4 COM CANETINHA COLORIDA, CADA VEZ QUE APARECER NA POSIÇÃO CORRETA.

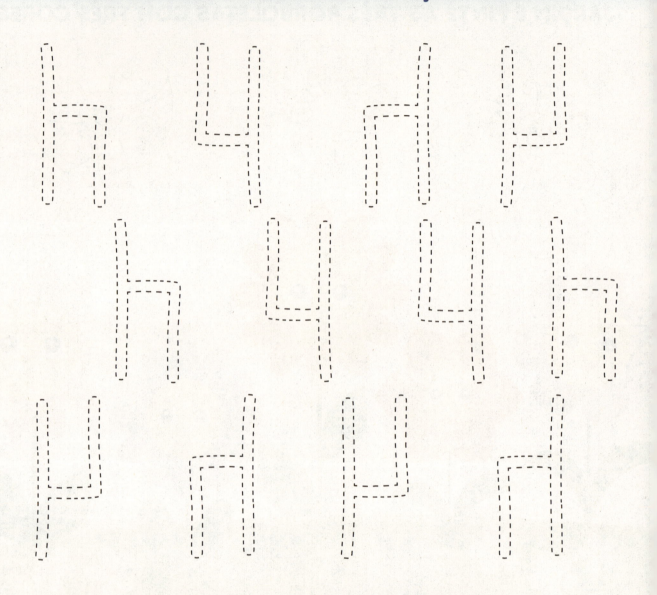

LIGUE OS TRACEJADOS PARA FORMAR O NUMERAL 4.

TEMOS AQUI UMA BELA ÁRVORE. DESENHE CINCO FRUTAS DELICIOSAS DENTRO DELA.

LIGUE OS TRACEJADOS PARA FORMAR O NUMERAL 5.

CONTE AS BOLAS QUE O PALHAÇO ESTÁ JOGANDO PARA CIMA E PINTE CADA UMA DE UMA COR DIFERENTE.

LIGUE OS TRACEJADOS PARA FORMAR O NUMERAL 6.

6 - 6 - 6 - 6 - 6 - 6 - 6

CONTE QUANTAS PIPAS EXISTEM ABAIXO E DESENHE OUTRAS ATÉ COMPLETAR 7 PIPAS NO CÉU.

LIGUE OS TRACEJADOS PARA FORMAR O NUMERAL 7.

7 - 7 - 7 - 7 - 7 - 7

O MENINO ESTÁ SOLTANDO BOLINHAS DE SABÃO. DESENHE AS QUE FALTAM PARA COMPLETAR 8 BOLINHAS NO AR.

LIGUE OS TRACEJADOS PARA FORMAR O NUMERAL 8.

OBSERVE AS CORUJINHAS NOS GALHOS. CONTE-AS E PINTE CADA UMA COM AS CORES PRIMÁRIAS.

AS CORES PRIMÁRIAS SÃO:
VERMELHA
AMARELA
AZUL

LIGUE OS TRACEJADOS PARA FORMAR O NUMERAL 9.

NUMERE OS SAPINHOS, OBEDECENDO A SEQUÊNCIA DE 1 A 10.

CUBRA OS TRACEJADOS E FORME O NUMERAL 10 VÁRIAS VEZES.

CONTE OS NUMERAIS NA ORDEM CRESCENTE E VÁ COLOCANDO O DEDINHO ENQUANTO FAZ A CONTAGEM. EM SEGUIDA, COMPLETE A SEQUÊNCIA DE NUMERAIS QUE ESTÃO FALTANDO NOS CARRINHOS ENFILEIRADOS.

1 - 2 - 3 - 4 - 5 - 6 - 7 - 8 - 9 - 10

OBSERVE CADA NUMERAL INDICADO E PINTE A QUANTIDADE DE LÁPIS CORRESPONDENTE.

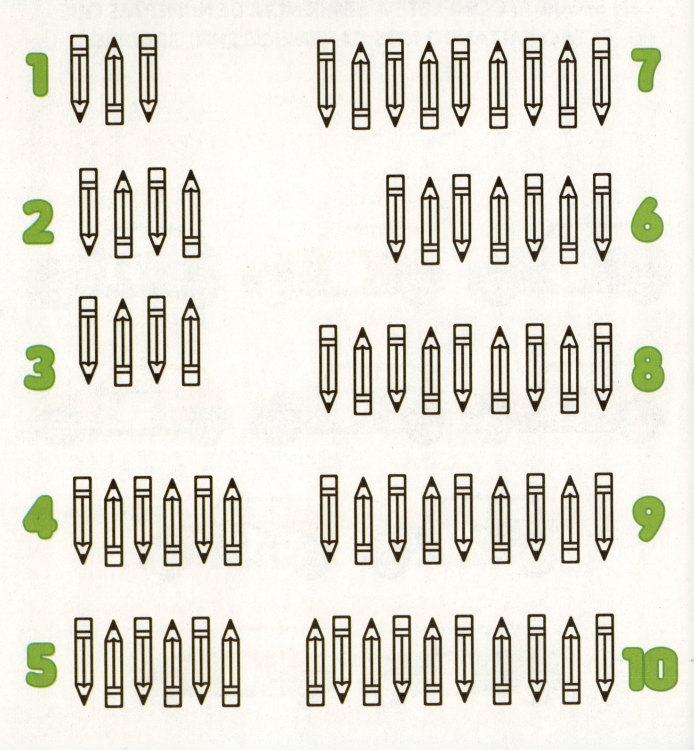

DEPOIS DE CONTAR QUANTAS SÃO AS JOANINHAS, COMPLETE A SEQUÊNCIA NUMÉRICA, ESCREVENDO OS NUMERAIS QUE ESTÃO FALTANDO.

JUNTO COM UM AMIGUINHO, ESCREVA OS NUMERAIS QUE FALTAM DENTRO DE CADA AMARELINHA, EM ORDEM CRESCENTE, OU SEJA, COMEÇANDO A SEQUÊNCIA PELO NUMERAL MENOR.

FAÇA PAR COM UM AMIGUINHO. UM AMIGO DITA UM NUMERAL E VOCÊ PINTA. DEPOIS, VOCÊ DITA OUTRO NUMERAL E ELE PINTA. UM PRECISA OBSERVAR SE O OUTRO ACERTOU.

CONTE OS ELEMENTOS DE CADA CONJUNTO E, NO QUADRADINHO VAZIO, ESCREVA O NUMERAL CORRESPONDENTE.

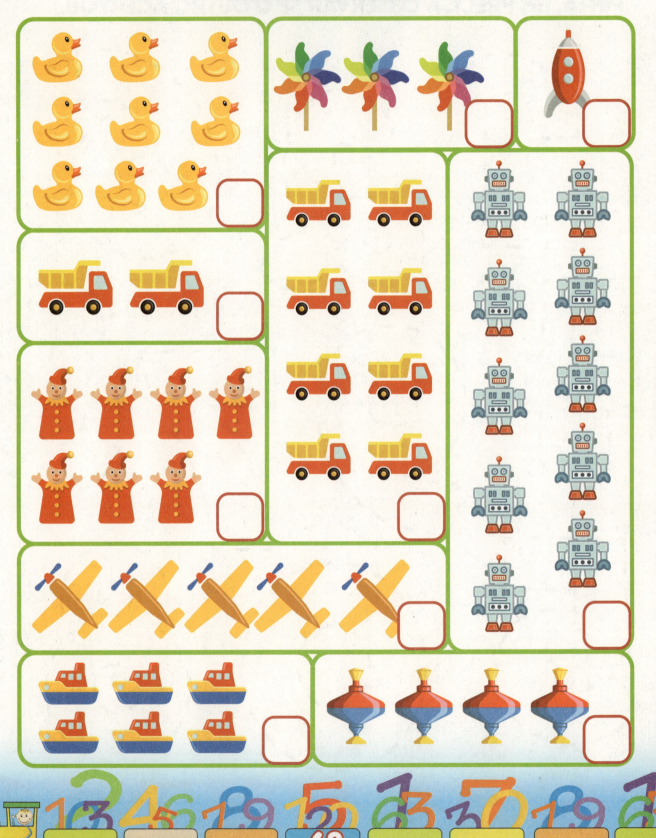

EM CADA TIRA, PINTE DE LARANJA O NUMERAL DE MAIOR VALOR, E, DE VERDE, O NUMERAL DE MENOR VALOR.

CONTE OS BICHINHOS CORRESPONDENTES A CADA LEGENDA E REGISTRE OS NUMERAIS DENTRO DOS QUADRADINHOS À ESQUERDA.

FAÇA UMA VOTAÇÃO PARA SABER QUAL SABOR DE SORVETE SERÁ O MAIS VOTADO E PINTE OS QUADRADINHOS DE CADA COLUNA DO GRÁFICO DE BARRAS, DE ACORDO COM A QUANTIDADE DE VOTOS.

- ESCREVA QUAL FOI O SABOR MAIS VOTADO: _____

- ESCREVA QUAL FOI O SABOR QUE OBTEVE MENOS VOTOS: _____

LIGUE OS PONTILHADOS E DESCUBRA COMO É A ESCRITA DOS NUMERAIS CARDINAIS, QUE REPRESENTAM AS QUANTIDADES.

um — dois — três — quatro

cinco — seis — sete

oito — nove — dez

OBSERVE OS QUATRO BLOCOS DE ATIVIDADES E CONTE OS DESENHOS DE DOIS EM DOIS, PARA FORMAR OS PARES. EM SEGUIDA, REGISTRE QUANTOS PARES SE FORMARAM EM CADA BLOCO.

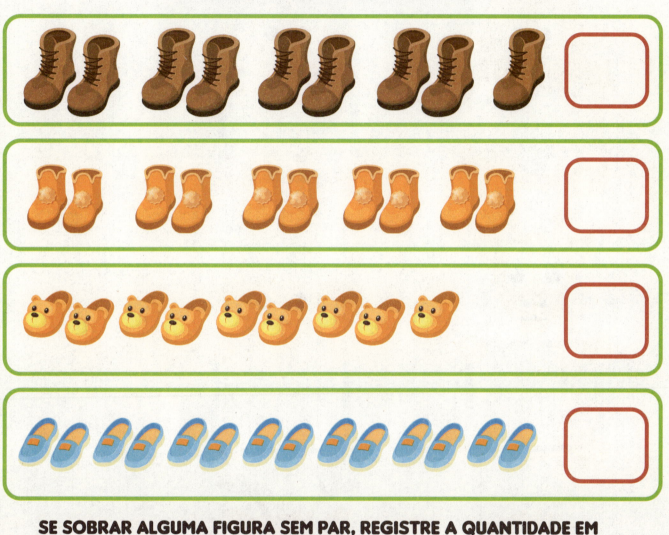

SE SOBRAR ALGUMA FIGURA SEM PAR, REGISTRE A QUANTIDADE EM CADA QUADRADINHO ABAIXO.

OBSERVE O BANCO DE NUMERAIS NA PLAQUINHA DE CADA ANIMAL À DIREITA E ESCREVA O NUMERAL QUE O ANTECEDE.

OBSERVE O BANCO DE NUMERAIS E ESCREVA NA PLAQUINHA DE CADA ANIMAL À DIREITA, O NUMERAL QUE VEM DEPOIS.

1 – PINTE DE ROXO CADA CONJUNTO EM QUE EXISTE A POSSIBILIDADE DE FORMAR PARES CERTINHOS, SEM SOBRAR NENHUM ELEMENTO SEM PAR.
2 – PINTE DE LARANJA CADA CONJUNTO ONDE SOBRARÁ UM ELEMENTO SEM PAR.
3 – CONTE QUANTOS ELEMENTOS EXISTEM EM CADA BLOCO E REGISTRE NO LUGAR INDICADO.

	PARES	TOTAL DE ELEMENTOS	ROXO	LARANJA

OBSERVE O LADO "A" E O LADO "B" E PINTE SOMENTE O CONJUNTO COM O MAIOR NÚMERO DE ELEMENTOS DE CADA LADO.

A · B

JUNTE OS DEDINHOS DAS DUAS MÃOS E, DEPOIS, CONTE CONTE QUANTOS TÊM AO TODO. EM SEGUIDA, ESCREVA O NUMERAL NOS QUADRADOS VAZIOS.

DESENHE QUANTAS MAÇÃS FALTAM PARA COMPLETAR A QUANTIDADE INDICADA EM CADA ÁRVORE. EM SEGUIDA, CONTE QUANTAS MAÇÃS FICARÃO AO TODO E DESENHE TODAS ELAS NA ÁRVORE DA LATERAL DIREITA.

OBSERVE AS ILUSTRAÇÕES E COMPLETE AS FRASES.

NO GALHO EXISTIAM _____ PASSARINHOS.

VOARAM _____ FILHOTINHOS.

FICARAM NO GALHO _____ PASSARINHOS.

PREENCHA OS QUADRADINHOS COM OS NUMERAIS USADOS NA HISTÓRIA.

EXISTIAM ☐ − VOARAM ☐ = FICARAM ☐

MIGUEL DECOROU DEZ BISCOITOS.

MIGUEL COMEU 3 BISCOITOS

SOBRARAM _____

BISCOITOS.

O MACAQUINHO VIU 3 PENCAS COM 4 BANANAS EM CADA PENCA.

ELE COMEU _____ BANANAS.

DESENHE LIVREMENTE AS BANANAS QUE SOBRARAM NAS PENCAS.